RED DRAGON BOOKS

Justiceiro do Norte

Rouxinol do Rinaré

Ilustrado por
Anilton Freires

Prefaceado por
Alex Magnos

RED DRAGON
PUBLISHER

Publisher: *Alexandre Brito*
Editor: *Alex Magnos*
Comercial: *Marcus Santos*
Assistente: *Giordano Bruno*

Projeto Gráfico: ***Red Dragon Media***
Revisão: **Rouxinol do Rinaré**
& *Samuel Santos*
Ilustrações: ***Anilton Freires***

Marcio Freire (Ilustração - Capa)
Alex Magnos (Design - Capa)

1ª edição, Julho de 2017

RED DRAGON PUBLISHER
Alex Magnos Storyteller
Fortaleza CE Brasil
reddragonpublisher@gmail.com
www.reddragonpublisher.com

Dados Internacionais de Catalogação da Publicação - CIP
Catalogação na Fonte

Rinaré, Rouxinol do
Justiceiro do norte / Rouxinol do Rinaré. Prefácio de Alex Magnos ; Ilustrações de Anilton Freires - 1. ed. Fortaleza, CE : Red Dragon Publisher, 2017.

ISBN 978-85-69097-23-5
1. Literatura brasileira 2. Poesia
I. Título. CDD-869.93

Índices para catálogo sistemático:
1. Literatura brasileira : Poesia
869.93

INDEX

Prefácio

"Desde quando comecei a trilhar as tortuosas veredas desse lapso temporal, comumente chamado vida, que conheço a literatura de cordel, ou para que sejamos mais originais e nostálgicos, os Romances, pois não podemos deixar de mencionar que o termo "literatura de cordel" é algo saído das mentes acadêmicas e adotado pelas várias formas midiáticas, passando então a referi-lo como verdade, e assim, hoje, é algo consolidado: contudo, é importante sempre reafirmar que poesia de cordel é algo intrinsecamente nascido da alma do povo, do sentimento do homem comum, e não por meios de extensos processos acadêmicos e ou intelectualizados, embora seja fato sabido que o cordelista de hoje tenha mais recursos culturais e tecnológicos para dar à luz suas obras.

Lembro-me de quando criança ficar a ouvir um tio ler e interpretar os Romances para um amontoado de moleques ávidos por poder entrar naquele universo onírico de fantasia, heroísmo e bravura que, dificilmente, outro gênero literário poderia oferecer para um menino nordestino de então. Os Romances de cordel eram nossos gibis, só que era nossa própria imaginação quem rabiscava as imagens que ilustravam, em nossas mentes, a leitura do Romance e saltavam vividamente para nossas traquinagens, ao brincar de guerreiros medievais que percorriam o sertão para matar dragões cuspidores de fogo e salvar belas princesas aprisionadas, ou cangaceiros de pés descalços embrenhados na mata para combater e libertar o sertão do jugo malévolo da fome e da sede. Ouso dizer que esse foi o tempo no qual um escritor começou a nascer em meu inconsciente e hoje está cada vez mais vivo - embora nosso gênero seja em prosa -, não obstante, quis o destino que nos tornássemos editor dessas histórias.

A epopeia O Justiceiro do Norte do poeta Rouxinol do Rinaré está ainda em sua infância, mas com a força que brota de seus versos, já pode, desde agora, ser considerada um novo clássico da literatura de cordel, e amanhã, certamente, será lembrada em níveis de admiração e respeito tal qual O Pavão Misterioso e outros Romances imortais que carregam em versos a energia criadora de seu autor."

Então, como diria um velho sábio, mas daqueles que contam com a sabedoria da idade, não aquela que vem dos livros ou do estudo catedrático, mas aquela manifesta pela aquisição da experiência real, direta, com a vida: palavras têm poder! Pois bem, é pura verdade. Já se foram quase 10 anos desde que deitei sobre papel as palavras acima, referindo-me a esta que considero uma das maiores obras da literatura de cordel brasileira: Justiceiro do Norte. A narrativa aventureira tão bem engendrada pelo poeta Rouxinol do Rinaré vem firmando-se como um novo clássico a cada dia, desde de o seu nascimento, desde sua primeira edição em 2002 pela *Tupynanquim Editora*, passando pela *Queima-Bucha* e *Quadrix Editora*, respectivamente em Janeiro e Abril de 2009; e logo depois sendo coroado com o *Prêmio Mais Cultura do MinC - Ministério da Cultura* em 2010, o que só confirma o dito supracitado - palavras têm poder - e não me refiro apenas ao quase profético texto prefaceador à edição de 2009, mas, e principalmente, à força pungente que está inserida nas palavras dos versos do poeta do Rinaré, os versos que dão vida a essa aventura épica repleta de ação, vilania e romance, um senso de justiça e de dever que foge à regra social do politicamente correto, mas que sempre esteve presente na vida carregada de sofrimento do homem do sertão; pois devemos certamente considerar que, ao ler esses versos, ao correr a vista sobre as palavras da história do Justiceiro, estaremos vivendo uma história que teve ou tem lugar - mesmo que esta seja ficção - nas regiões norte e nordeste do Brasil, na aurora do século 20, onde o poder estava nas mãos de homens cruéis e ominosos, homens de corações tão negros quanto rebentos infernais, indubitáveis resquícios reminiscentes da idade média que conseguiram estender suas malevolentes e esquálidas garras sombrias à garganta da sofrida gente desse país que, ainda hoje, sofre sob o domínio e o poder desses "senhores de bem" e impecáveis regentes desta terra, mas que, ao fim, não passam de arautos trovejadores das trombetas anunciadoras da chegada dos pálidos ginetes do apocalipse; e é justamente esse cenário infeliz, malfazejo e impiedoso, que é retratado com tanta precisão e paixão em Justiceiro do Norte.

A história de Pedro Justino pode ter nascido da imaginação criativa do poeta, mas podemos dizer, sem sombra de dúvida, que a personagem é uma alegoria a juntar pedaços de realidade com outros de mitologia, misturando com outras lascas de ficção e lenda: como o autor certa vez revelou, sua criação pode ser considerada um misto de *Tex Willer*, famoso ranger texano dos *fumetti italiani* (histórias em quadrinhos italianas), criado por *Luigi Bonelli* e *Aurelio Galleppini*, na década de 1940, com *Antonio Silvino* (1875 - 1944), o famoso cangaceiro pernambucano; pois é sabido que o poeta é um declarado fã, tanto do ranger dos quadrinhos quanto do lendário período de nossa história em que os homens de canga e couro alastraram-se como formigas vorazes sob o escaldante sol deste impiedoso sertão.

De *Tex* estão presentes em Pedro Justino - tal como o nome já denota - o senso de justiça e o tino heroico aventureiro, a mesma sina do paladino que vagueia pelo mundo em busca de justiça para si e também para aqueles que são mais fracos; entretando, foram as injustiças aplicadas contra o cangaceiro *Antonio Silvino*, também conhecido como "*Rifle de Ouro*", que permearam o nascimento do herói de Justiceiro do Norte, foram os mesmos acontecimentos que levaram ambos a trilhar o rubro caminho da vingança e da retribuição, única solução viável diante da inquestionável apatia da injustiça social: as disputas por terras eram e ainda são algo comum, e assassinatos seguidos de apossamentos, tanto de terras quantos de reses, são soluções mais que comuns aos "respeitáveis senhores" ou "coronéis" da terra selvagem regida pela justiça verdadeiramente cega no sertão, e muito ingênuos seríamos nós se acreditássemos que essas práticas já tivessem ficado no passado...

Contudo, com um olhar atento poderemos notar que elementos da história também fazem referência a outro famoso cangaceiro, *Lampião*, chamado *Rei do Cangaço*, pois, por ironia do destino ou por algum senso de humor negro, os motivos que levaram *Antonio Silvino* a vestir o couro e a canga são praticamente idênticos aos que levaram *Virgulino Ferreira* a fazer o mesmo.

Através de Justiceiro do Norte podemos dizer que a poesia épica em cordel não morreu, pelo contrário, está cada vez mais viva nas criações do poeta do Rinaré. Todos os elementos essenciais para um grande clássico estão presentes nesta obra: o herói injustiçado que é forçado a deixar seu lar, sua terra natal para, em outras terras, transforma-se, transmutar-se, defendendo os fracos e, como ele mesmo, injustiçados, mas sob nova identidade, bem como descobrindo o amor em terras alheias, assim dando à luz sua lenda, um mito que já era velho quando nossa terra estava para nascer, pois é, Rouxinol sabe contar histórias, e quando estreitamos o círculo e passamos a falar em histórias em cordel, afirmamos sem medo: poucos podem encontraremos que a ele se assemelhem, no que diz respeito a contar boas histórias.

Como dito antes, esse já é um clássico.

Alex Magnos
Editor, escritor e roteirista
Autor de A Noite do Demônio e
Os Espectros da Montanha Negra

Rouxinol do Rinaré

Justiceiro do Norte

O homem valente e justo
Do berço já traz o tino
E tendo fibra e coragem
Traça seu próprio destino
Como se deu nas andanças
Do herói Pedro Justino.

Leitor, se vê nessa história
Ação, bravura e amor.
Num chão injusto, sem lei,
Um jovem atirador
Tornou-se herói justiceiro
Destemido e vingador.

Fim do século dezenove
No Estado do Ceará
Vivia Antonio Justino
No sertão de Quixadá
Numa fazenda que tinha
Praquelas bandas de lá.

A fazenda se chamava
Caiçara ou "Caiçarinha".
Quando perdeu seu Antonio
A sua mulher Rosinha
Dedicara-se a fazenda
E aos dois filhos que tinha.

Pedro era o filho mais moço
Desse velho fazendeiro;
Tinha somente um irmão
Que se chamava Cordeiro.
Sendo Cordeiro casado,
Pedro Justino solteiro.

O velho Antonio Justino,
Respeitado no lugar,
Além dos dois filhos tinha
O seu vaqueiro exemplar
O qual ensinou ao jovem
Pedro Justino atirar.

O vaqueiro se chamava
Francisco José Prudente.
Amigo e respeitador,
Trabalhador competente,
Mas, pela sua coragem,
Chamavam-lhe Zé Valente.

O vaqueiro já contava
Cinquenta anos de idade
E desde moço vivia
Naquela propriedade
Tornando-se de Justino
Um amigo de verdade.

Justino desde garoto
Era honrado e valoroso.
Não tolerava injustiça
(Não era um rico orgulhoso)
Em defesa do mais fraco
Provava ser corajoso.

Nesse tempo no sertão
Reinava a lei do mais forte:
“Cangaceiros, coronéis,
Seca, fome, peste e morte”.
Pedro Justino jamais
Comungava com tal sorte.

Zé Valente ensinou tudo
Ao seu amigo e patrão,
Desde o manejo do laço
À pega do barbatão
E ter rapidez do raio
Com um revólver na mão!

Pedro Justino tornou-se
Atirador de primeira.
De rapidez invejável,
Também de mira certeira,
No laço pegava rês
Pelas patas, na carreira.

Montava um cavalo negro
Que chamava Furacão.
Em tiro sobre cavalo
(Ou qualquer competição)
Justino tornou-se o rei
Dos vaqueiros do sertão.

Enquanto o pai de Justino
Com o seu irmão Cordeiro
Trabalhavam na fazenda
Justino era aventureiro
Viajava, muitas vezes,
Como almocreve, ou tropeiro.

Seu velho pai fazendeiro
Vivia bem sossegado.
Do suor, do seu trabalho,
Via com gosto o legado:
Fartura nas plantações
E na criação de gado.

Porém meu avô dizia
Quando me entendi por gente:
“Desde que o mundo é mundo
Do mal existe a semente
Nem todo ‘home’ é capaz
De viver honestamente!”

Enquanto alguns com suor
E esforço come o pão
Outros são uns parasitas
Do sangue do seu irmão
Como os latifundiários,
Os coronéis do sertão.

Esses viviam explorando
Os seus próprios moradores.
E quando eram vizinhos
De pequenos criadores
Com seus jagunços roubavam
Os frutos dos seus labores.

Mas voltemos a narrar
A história de Justino.
Quis a casualidade
(Talvez o fatal destino)
Mudar toda a sua vida
De modo vil, repentino...

O velho Antonio Justino
Um dia foi procurado
Por um coronel vizinho
De nome João Furtado
E o mesmo trouxe a proposta
De comprar todo o seu gado.

— É um pequeno rebanho
(Seu Antonio assim falou)
Que após a última seca
Graças a Deus escapou.
É dos meus filhos herança
Esse gado que restou.

Além do mais este ano
Também não choveu no chão.
O sol inclemente queima,
A terra vira torrão!
Vou abater umas reses
Pra nossa alimentação.

Não pretendo me mudar
Desta humilde terrinha.
Não quero vender o gado
Da Fazenda Caiçarinha;
Daqui só saio com a morte
Pra me juntar a Rosinha!

Fingindo-se satisfeito
Furtado se despedia,
Porém era acostumado
A ter tudo que queria;
Jurou que por bem ou mal
O gado dele seria.

Zé Valente certa vez
Saiu para campear
Pra Caiçarinha, o rebanho,
Trazendo para ferrar
A falta de algumas reses
Pôde o vaqueiro notar.

Chegando logo ele foi
Ao fazendeiro avisando:
— Patrão, cinco boas reses
Do rebanho estão faltando.
Como não encontrei mortas,
Alguém está lhe roubando.

Lamenta Antonio Justino
Fitando o céu diz assim:
— Oh! meu Deus, meu 'Padim Ciço',
Não basta esse tempo ruim?
Até parece que a sorte
Virou as costas pra mim!

Chega a noite e o fazendeiro
Não dormiu preocupado.
Mais tarde a 'rasga mortalha'
Voava sobre o telhado
E o seu cantar agoureiro
Deixa o velho arrepiado.

Quando o dia amanheceu,
Seu Antonio, decidido,
Foi ver o gado no pasto
E lá ficou escondido
Pensando: "Daqui só saio
Com o caso resolvido".

Após uma longa espera,
No pino do meio dia,
Três jagunços bem armados
Chegavam na companhia
Do coronel João Furtado
Que ao gado se dirigia.

Por detrás d'uma imburana
Grita o fazendeiro então:
— "Tô" com o dedo no gatilho,
Soltem as armas no chão!
Ou vocês vão comer chumbo
Seu magote de ladrão!

Jogando-se dos cavalos
Ao chão, de maneira audaz,
O coronel e seus homens
Gritando por ferrabrás
Atiravam contra o velho
Com desespero voraz.

Por várias horas durou
O tiroteio infernal.
Seu Antonio contra quatro,
Nessa luta desigual,
Ali sentiu que chegava
O seu momento final.

Um jagunço o surpreende,
Ele abandona o abrigo
Atirando sem parar,
Porém exposto ao perigo
Sente queimar em seu corpo
O chumbo do inimigo!

Nessa hora foi chegando
Seu vaqueiro Zé Valente
Atirando contra o grupo
Com sua mira excelente.
Só o coronel fugiu
Do justiceiro inclemente.

Pega o vaqueiro, nos braços,
O seu patrão moribundo.
O velho Antonio Justino
Solta um suspiro profundo,
Num gesto de despedida
Dá adeus a este mundo.
Como num réquiem choroso
Cantou triste a juriti
E sobre um pau-branco seco
Que havia próximo dali
'Triste vida, triste vida!'...
Repetia o bem-te- vi.

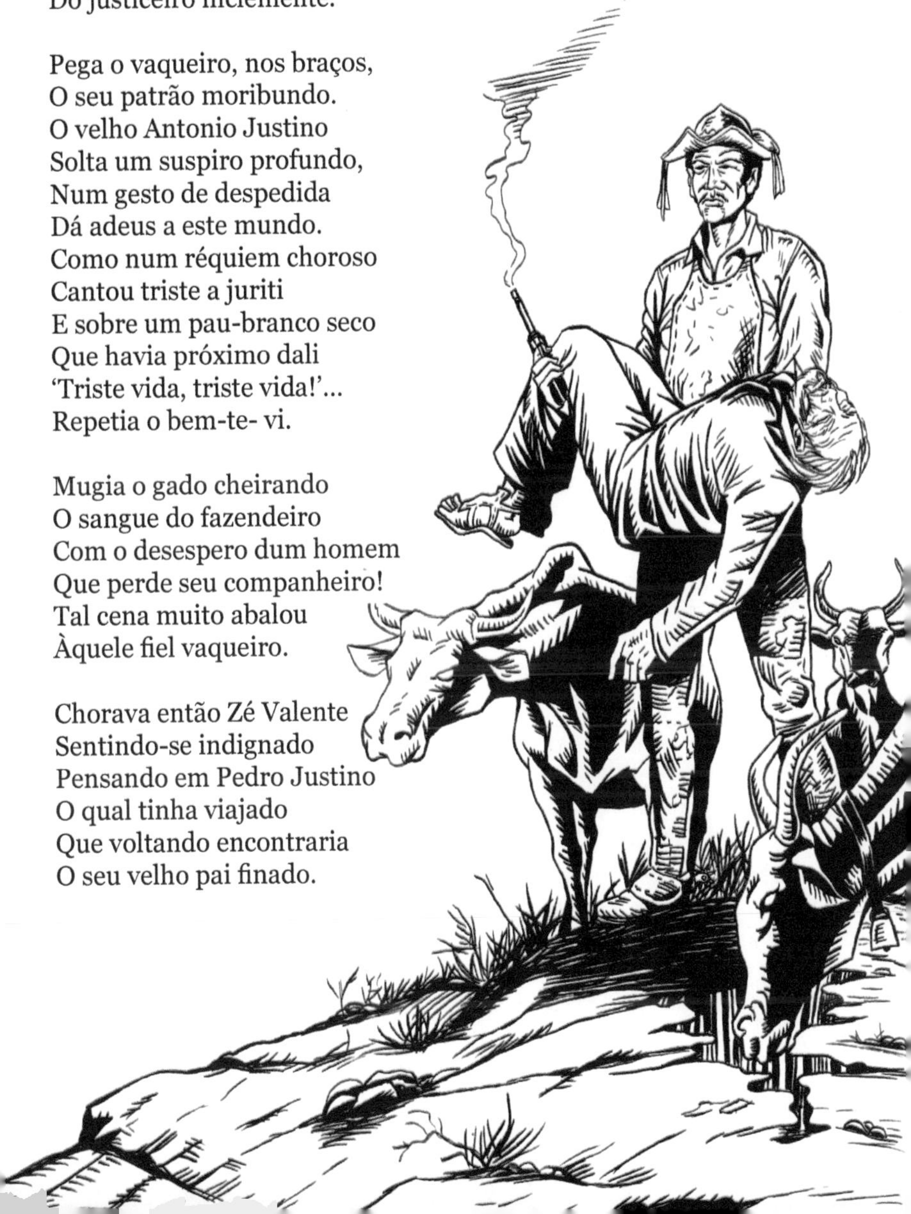

Mugia o gado cheirando
O sangue do fazendeiro
Com o desespero dum homem
Que perde seu companheiro!
Tal cena muito abalou
Àquele fiel vaqueiro.

Chorava então Zé Valente
Sentindo-se indignado
Pensando em Pedro Justino
O qual tinha viajado
Que voltando encontraria
O seu velho pai finado.

O vaqueiro Zé Valente
Triste pôs na montaria
O corpo do seu patrão
Seguindo pra moradia
Com grande aperto no peito
Igual um filho sofria.

Ao chegar ao grande
alpendre
Da casa, foi avistando
Cordeiro com sua esposa
E Pedro, vinha chegando,
Todos notando a desgraça
Choram de dor soluçando.

Zé Valente narra os fatos,
Desde o roubo que se deu
Ao combate, e fala como
Aos jagunços abateu
E como ali, em seus braços,
Seu velho patrão morreu.

Pedro Justino falou:
— Eu hoje farei carniça!
Cordeiro, porém, pondera:
— Isso é caso da justiça.
Justino diz: — Meu revólver
Dita a lei e reza a missa!

A justiça do sertão
É falha, mano Cordeiro.
Só favorece a quem tem
Anel, diploma e dinheiro;
Um coronel nunca perde
Para um simples fazendeiro.

Juntou, pois, Pedro Justino,
Punhal, rifle e munição.
Ao seu lado Zé Valente
Diz de revólver na mão:
— Cadeia pra coronel
São sete palmos de chão!

No cavalo Furacão
(Negro como a cor do luto)
O jovem Pedro Justino
Montou, partiu resoluto,
Seguido por Zé Valente,
Seu amigo absoluto.

Ao chegarem na morada
Do coronel João Furtado
Já tinha vinte jagunços
E o coronel preparado
Gritou logo pra seus cabras:
— Quero ver fogo cerrado!

Mas Zé Valente e Justino
Sem medo e sem piedade
Abriram fogo primeiro
Depois com agilidade
Se abrigaram pra poder
Agir com mais liberdade.

D'uma pedra no terreiro
Eles fizeram trincheira.
Eram só dois contra vinte,
Mas tinham mira certeira.
Os jagunços que sobraram
Fugiram em toda carreira.

O coronel ficou só
Sem saber o que fazer.
Já baleado, sangrava,
Armado foi se esconder
Em casa, assim, resolvido
A pele caro vender.

De fora gritou Justino,
Sentindo um ódio mortal:
— Coronel, prove ser homem,
Enfrentando-me afinal.
Hoje te mato de bala
E sangro com meu punhal!

Um silêncio sepulcral
Da parte do coronel...
Depois surge no oitão
Da casa, igual cascavel,
E atira nos dois amigos
Num desespero cruel.

Zé Valente por instinto
Logo percebe o perigo.
Pôs a frente de Justino,
Pra proteger o amigo.
Salvou Justino tombando
Morto pelo inimigo!

Pedro Justino surpreso
Cai no chão, por sua vez,
Atirando em João Furtado
Com incrível rapidez.
Num último ato do drama
Sua justiça se fez.

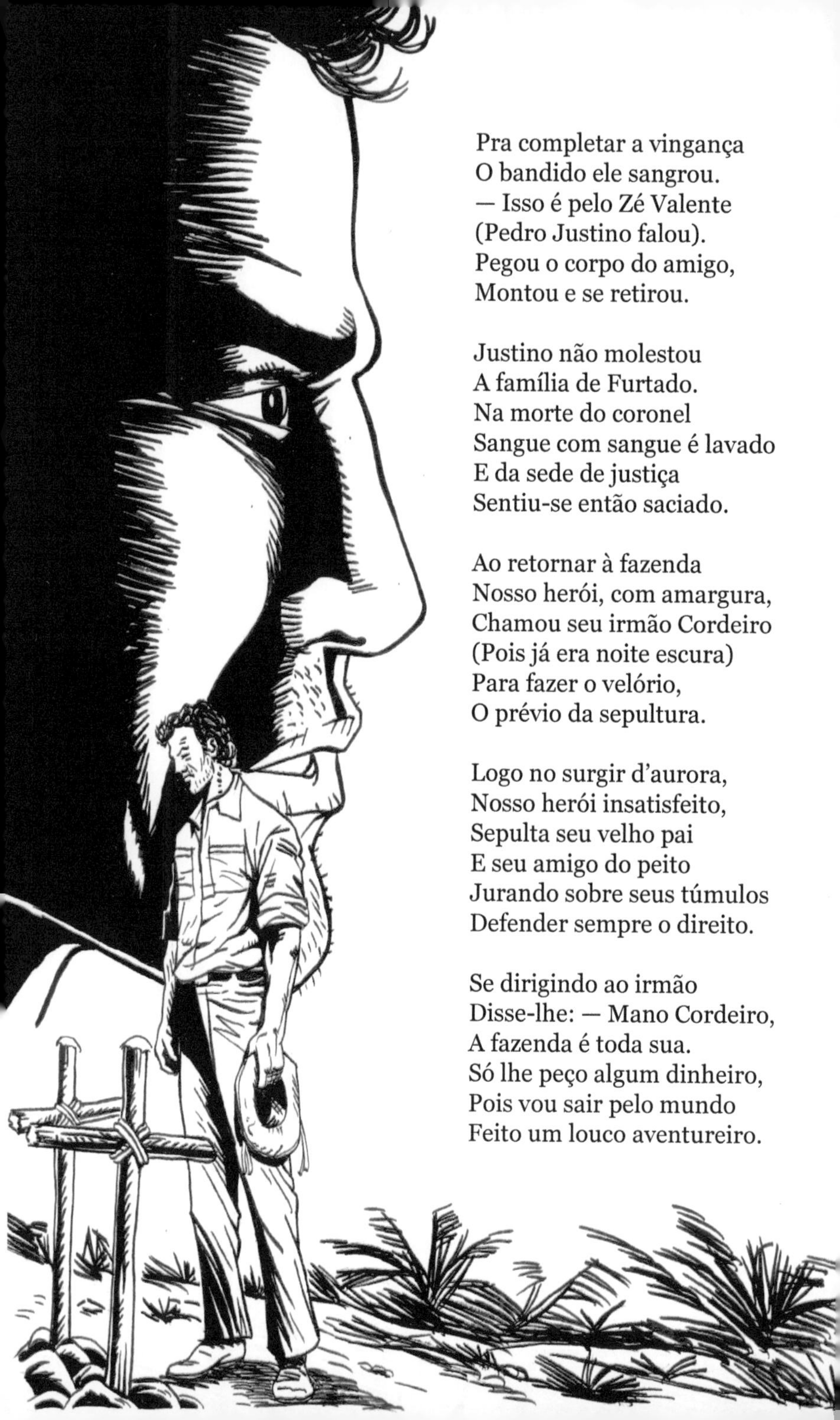

Pra completar a vingança
O bandido ele sangrou.
— Isso é pelo Zé Valente
(Pedro Justino falou).
Pegou o corpo do amigo,
Montou e se retirou.

Justino não molestou
A família de Furtado.
Na morte do coronel
Sangue com sangue é lavado
E da sede de justiça
Sentiu-se então saciado.

Ao retornar à fazenda
Nosso herói, com amargura,
Chamou seu irmão Cordeiro
(Pois já era noite escura)
Para fazer o velório,
O prévio da sepultura.

Logo no surgir d'aurora,
Nosso herói insatisfeito,
Sepulta seu velho pai
E seu amigo do peito
Jurando sobre seus túmulos
Defender sempre o direito.

Se dirigindo ao irmão
Disse-lhe: — Mano Cordeiro,
A fazenda é toda sua.
Só lhe peço algum dinheiro,
Pois vou sair pelo mundo
Feito um louco aventureiro.

Vendo não poder mudar
De Justino o sentimento
Seu mano, além de dinheiro,
Fornece-lhe mantimento.
Num abraço se despedem
Pra sempre, nesse momento.

Justino com seu chapéu
Deu adeus a seu irmão.
Com um rifle, dois revólveres,
E bastante munição
Montou e partiu veloz,
No cavalo Furacão!

Prevendo a perseguição
Por forças policiais,
Astuto, pensou Justino:
“Prudência nunca é demais”.
Trilhou por um rio seco,
Num leito de pedregais.

Cruzou a seca caatinga
E foi sair bem distante.
Passando por um caminho
Viu cena impressionante:
A triste marcha funérea
De um grupo retirante.

Era a ‘seca dos dois zeros’
Que assolava o Estado
Fazendo o homem do campo
Emigrar desesperado
(Magro, com sede e com fome)
Pra não morrer acuado.

O sol qual olho de fogo
De um Deus que causa medo
Parece inclinar-se, em trégua,
Sumindo atrás dum rochedo.
Surge a noite com seu manto,
Trazendo calma e segredo...

Pedro Justino apeou-se
Pra repousar afinal.
Pegou a cabaça d'água,
Bebeu, deu ao animal,
Comeu carne seca assada
Que trazia no bornal.

Procurou logo um abrigo
Decidido a pernoitar.
E junto à Galinha Choca
(Grande rocha do lugar)
Dormiu numa velha gruta,
Nem viu o tempo passar.

O sol ressurgiu brilhante,
Mais um dia amanheceu.
O nosso herói despertou
Refeito do sono seu
Para o açude do Cedro
Na mesma hora desceu.

Por conta da grande seca
Que assolava o sertão
O Cedro só tinha um pouco
De água no seu porão;
No resto só lama seca
E rachaduras no chão.

Cuidando pra não toldar
Justino enche a cabaça.
Depois banha, com uma cuia,
O seu cavalo de raça.
Planos pra longa viagem
Com todo cuidado traça.

Justino pensou: “Em breve
Dou adeus ao Quixadá.
Irei transpor a fronteira
Do solo do Ceará;
Chegando na Paraíba
Passarei uns tempos lá”.

Enquanto ele assim pensava
De súbito se agachou
Para apanhar seu chapéu
Que o vento ali derrubou.
O acaso, talvez a sorte,
Nesse ato lhe salvou.

Nas rochas ouve-se um eco
D’um tiro, e nesse momento
Interrompe nosso herói
Bruscamente o pensamento,
Pois uma chuva de balas
Sibila, cortando o vento.

Em um ágil movimento
Justino rola no chão.
Num piscar de olho estava
Com seu revólver na mão!
Logo consegue abrigar-se
Numa boa posição.

Uns trinta metros à frente
Nosso herói pôde avistar
Três soldados e um sargento
Que lhe intima a se entregar.
Justino atira e responde:
— Moço, venha me pegar!

Recomeça o tiroteio,
Justino fôra cercado.
Mas cada tiro que dava
Caia morto um soldado.
Conseguiu vencer os quatro,
Porém saiu baleado.

No braço esquerdo atingido
Nessa luta desigual
Justino, de sangue quente,
Sem um gemido, afinal,
Extraiu do próprio braço
A bala com seu punhal.

Atou um pano à ferida
Pro sangue logo estancar.
Com um pouco de esforço
Nosso herói pôde montar.
No seu negro Furacão
Galopava sem parar.

Pensando em todos os fatos,
No ocorrido recente,
Lembrou a morte do pai
E também do Zé Valente.
Tudo deixava Justino
Impressionadamente!

Após cavalgar dois dias
Em carreira desmedida
Pedro Justino ficou
Com aparência abatida.
Seu corpo queimava em febre,
No braço ardia a ferida.

Logo perdeu os sentidos,
Tornou-se um farrapo
humano.
Não viu o tempo passar,
Porém concluiu seu plano:
Chegava, embora doente,
Em solo paraibano!

Desmaiado em seu cavalo,
Único e fiel companheiro,
Já quase à beira da morte
Nosso jovem cavaleiro
Foi achado e socorrido
Por um bravo cangaceiro.

O mesmo era um justiceiro
Que ao cangaço abraçou
Porque mataram seu pai,
Ele vingança jurou,
E heroico chefe de bando
Respeitado se tornou...

No acampamento do bando
Despertou Pedro Justino
E perguntou: — Onde estou?
Disse alguém: — Pelo destino
Tu és hóspede no grupo
Do grande Antonio Silvino!

Quando obteve melhora
Foi Justino interrogado.
A sua história deixou
Silvino impressionado.
Pra fazer parte do bando
Nosso herói foi convidado.

Justino diz: — Sou honrado,
Estou à disposição.
Por tudo que me fizeste
Tens a minha gratidão.
Ali Antonio Silvino
Com força apertou-lhe a mão.

Justino esteve alguns anos
A serviço do cangaço.
Tinha seu código de honra
Ao desferir um balaço.
Nunca um cidadão honesto
Feriu na ponta do aço!

Andou por todo o Nordeste
O bravo Pedro Justino.
Depois deixou o cangaço,
Despediu-se de Silvino
Dizendo: — Irei ao Pará
Seguir um novo destino.

Do Pará o nosso herói
Traçou um novo roteiro.
Viajou pro Amazonas
(Como sempre aventureiro)
Foi para dentro da mata
Num grupo de seringueiro.

Na Região Amazônica
Justino tentou a sorte.
Por seu senso de justiça
E por destemor da morte
Mais tarde tornou-se um mito:
"O Justiceiro do Norte!"

Justino maravilhou-se
Quando viu na região
Fartura de água e matas,
Num verde sem descrição.
Pensou na seca e na fome
Do seu saudoso torrão.

Fazendo a comparação
Justino, consigo, diz:
— Com tanta vida e beleza
Quem vive aqui é feliz!
Parece até que o Nordeste
Faz parte de outro país.

Mas vamos deixar Justino,
Apenas por um momento,
Com suas reflexões
Montando o acampamento,
Para que de outro povo
Tomemos conhecimento...

No coração da floresta,
Não muito longe dali,
Situavam-se as cabanas
D'uma aldeia waimiri;
Os índios remanescentes
Da grande nação tupi.

Sendo verdadeiros donos
Dessa natural riqueza
Os nativos desfrutavam
Dela, com toda certeza,
Sem causar desequilíbrio
E agressão à natureza.

Mas além dos seringueiros
Um grupo de caçadores
Montaram acampamento
Na mata, causando horrores,
Tornando-se dos nativos
Ferrenhos perseguidores.

O homem busca minério
Nos rios, pela floresta
Caçando animais silvestres
E, numa macabra festa,
Persegue o índio e destrói
A pouca mata que resta!

Vamos ver Pedro Justino
Que estava impressionado
Com todas as novidades
Que viu nesse novo Estado,
Mas após uma semana
Ficou decepcionado.

Pois vendo a exploração
Dos homens no seringal
E o lar do índio invadido
Pensa Justino afinal:
“Ninguém escapa à cruel
Injustiça social!”

Certo dia os caçadores
Trouxeram um índio cativo
E Justino, indignado,
Não pôde ficar passivo;
À noite usando um disfarce
Foi libertar o nativo.

Pôs no rosto um lenço preto,
De negro chegou trajado.
No acampamento havia
Só um vigia acordado
Rendido por nosso herói
Foi preso e amordaçado.

O vigia resmungava,
Mas não podia gritar;
Embora fosse Justino
Disposto a tudo enfrentar
O herói sem dá um tiro
Pôde o índio libertar.

Andando um pouco montaram
No possante Furacão
Sob uma chuva cerrada
E ao ribombar do trovão
Chegava o herói na aldeia
Causando grande impressão!

"— É o filho de Tupã",
Comentava o feiticeiro.
A tribo mostra respeito
Diante do justiceiro
Enquanto o índio liberto
Agradece ao cavaleiro.

O tal índio era um guerreiro
Muito querido no clã
Filho do chefe da tribo
E tinha uma única irmã
Tão bela quanto o seu nome:
“Tainá”, ou “Luz da Manhã”.

Era a índia mais formosa
Da Terra do Guaraná
Que logo à primeira vista
O herói do Ceará
Sentiu seu coração preso
Aos encantos de Tainá!

Por precaução, na aldeia,
Justino não demorou.
Com um gesto carinhoso
A Tainá cumprimentou
Empinando seu cavalo
Partiu como ali chegou.

Chega ao seu acampamento
Antes do raiar do dia.
Nunca despertou suspeita
Na rotina prosseguia,
Mas tendo necessidade
Sempre o disfarce vestia.

A sua lenda corria
Entre crédulos e ateus.
Continuava em mistério
Os heroicos feitos seus;
Para os brancos era um índio,
Para os índios era um Deus!

Numa tarde em que Justino
Pela mata se embrenhara
Chegando ao Rio Amazonas
Jurou está vendo Iara,
Mas era a índia Tainá
Com sua beleza rara.

Escondido entre as folhagens
Justino lhe admirava
Enquanto a linda Tainá
Toda nua se banhava
Mostrando seus belos seios
Sobre as águas flutuava.

Um caçador, de surpresa,
Do rio se aproximou.
A bela "Luz da Manhã"
Muito assustada gritou.
Nosso herói, pondo o disfarce,
Pra lutar se preparou.

O homem saltando n'água
Da índia tenta abusar.
Logo Justino aparece
Disposto pra lhe salvar
E o caçador enxerido
Quase morre de apanhar!

Após a dura lição
O homem foi desarmado
Quando Justino o soltou
Correu desmoralizado
Maldizendo a própria sina
Fugiu no mato fechado.

A índia invoca Tupã
Agradecendo-lhe a sorte
Beijando o homem de preto
Tainá lhe abraçava forte
E ali feliz se entregou
Ao Justiceiro do Norte.

Brincam num igarapé
Que havia perto dali.
Justino beija Tainá,
Ela lhe abraça e sorri.
Depois montados seguiram
Para a aldeia waimiri.

Uma cicatriz de bala
No seu braço Tainá viu.
Quis descobri o seu rosto,
Nosso herói não permitiu.
Deixando-a perto da aldeia
Galante se despediu.

Uns cinco meses depois
Cresceu a rivalidade.
O branco fomenta a guerra,
Agindo com crueldade,
Atacando os Waimiris
Houve grande mortandade.

Morreu o chefe da tribo
Seu filho assumiu o posto,
Armou-se com seus guerreiros,
Pra guerra pintou o rosto,
E derramou muito sangue
Para aplacar seu desgosto.

Invadindo os seringais
Feito um louco justiceiro
Matou até inocentes
O jovem chefe guerreiro
Sem saber levou consigo
Justino prisioneiro.

Como oferenda a Tupã
Em um ritual sagrado
O herói Pedro Justino
Ia ser sacrificado,
Porém, pela cicatriz,
Foi logo identificado...

Lembra o leitor o confronto
No açude de Quixadá?
Com seu braço baleado
Justino escapou de lá.
Salvou-lhe a vida esta marca
E o amor de Tainá.

Quando a índia descobriu
Para seu irmão falou.
Ele devendo a Justino
Bem depressa o libertou.
Defendendo os Waimiris
Nosso herói continuou.

Logo com Tainá casou
Porque era apaixonado.
Entre os índios ele foi
Herói muito respeitado;
O chamavam de 'Ave Negra'
Ou Guerreiro Mascarado.

Tainá, a Luz da Manhã,
Esperava um curumim
Grávida de cinco meses
Falou pra Justino assim:
— O nosso filho trará
Paz ao nosso povo enfim.

A esperança da paz
Nasceu em tempo de guerra.
E logo um ano depois
O tempo que tudo encerra
Tragou Justino nas águas,
Deixou seu filho na terra.

Pescando no Amazonas
Justino um mergulho deu
Foi desenganchar a rede
E ali desapareceu.
Até hoje não se sabe
Se está vivo ou morreu.

No Nordeste defendeu
Sua honra na fazenda,
Serviu a Antonio Silvino,
Escapou da seca horrenda.
Naquelas águas profundas
Sumiu-se, tornou-se lenda!!!

Adendo

Ao lado, o Hzerói do Sertão, belíssima ilustração feita pelo talentoso artista ***Marcio Freire*** *exclusivamente para a capa desta edição.*

FREIRE

*"Meu cordel **Justiceiro do Norte** tem influência de Tex, principalmente no que diz respeito à ambientação, ou seja, a minha personagem é fictícia, mas o cenário da história é real. Começa no Nordeste e termina na Amazônia (no Norte), com episódios em períodos históricos (bem conhecidos pelos brasileiros) que vão desde*
as grandes secas, o tempo do cangaço, ao famoso "ciclo da borracha".

A origem da personagem também lembra Tex (o herói que vinga a morte do pai e começa a fugir e fazer justiça mundo afora), mas a inspiração, na verdade, veio de alguns cangaceiros famosos, como Antonio Silvino (que inclusive aparece no enredo), que viveram antes de Lampião."

Rouxinol do Rinaré

em entrevista cedida ao Tex Willer Blog em Dezembro de 2009

Ilustração por
Jô Oliveira

Rouxinol do Rinaré

É nome artístico de Antonio Carlos da Silva, é natural de Rinaré, Quixadá (CE). Poeta cordelista, com mais de 100 títulos publicados, entre cordéis e livros. Várias vezes premiado, já teve seu trabalho citado nos principais jornais e revistas do Brasil, e também na França, nas revistas LATITUDES, QUADRANT e INFOS BRÈSIL. Seu livro O Alienista em cordel foi adotado em projetos da Biblioteca Nacional e das escolas de Belo Horizonte, São Paulo e Pernambuco. Em 2013, o referido livro, fez parte do catálogo de literatura da feira de Frankfurt, na Alemanha. Rouxinol é coautor (com Arlene Holanda) de Cordel: criar, rimar e letrar, livro selecionado pela Secretaria da Educação do Estado de São Paulo. A obra do poeta é citada em mais de 10 trabalhos acadêmicos, entre teses e monografias. Rouxinol do Rinaré atua também como revisor e ministrante de oficinas de Cordel.

facebook @rouxinoldorinare

Anilton Freires

Nasceu em Redenção, Ceará, 1972, descobriu as Histórias em Quadrinhos aos 8 anos. Foi amor à primeira vista. Em seguida, aprendeu a desenhar sozinho. Depois veio o gosto pelo cinema e pela literatura, suas duas outras paixões. Depois de vários anos trabalhando ambientes fora de sua arte, em 2007 decidiu largar tudo para se dedicar exclusivamente ao desenho e ilustração. Desde então, vem ilustrando diversos livros infantis, didáticos, capas de folhetos de literatura de cordel e HQs.

facebook @anilton.freires

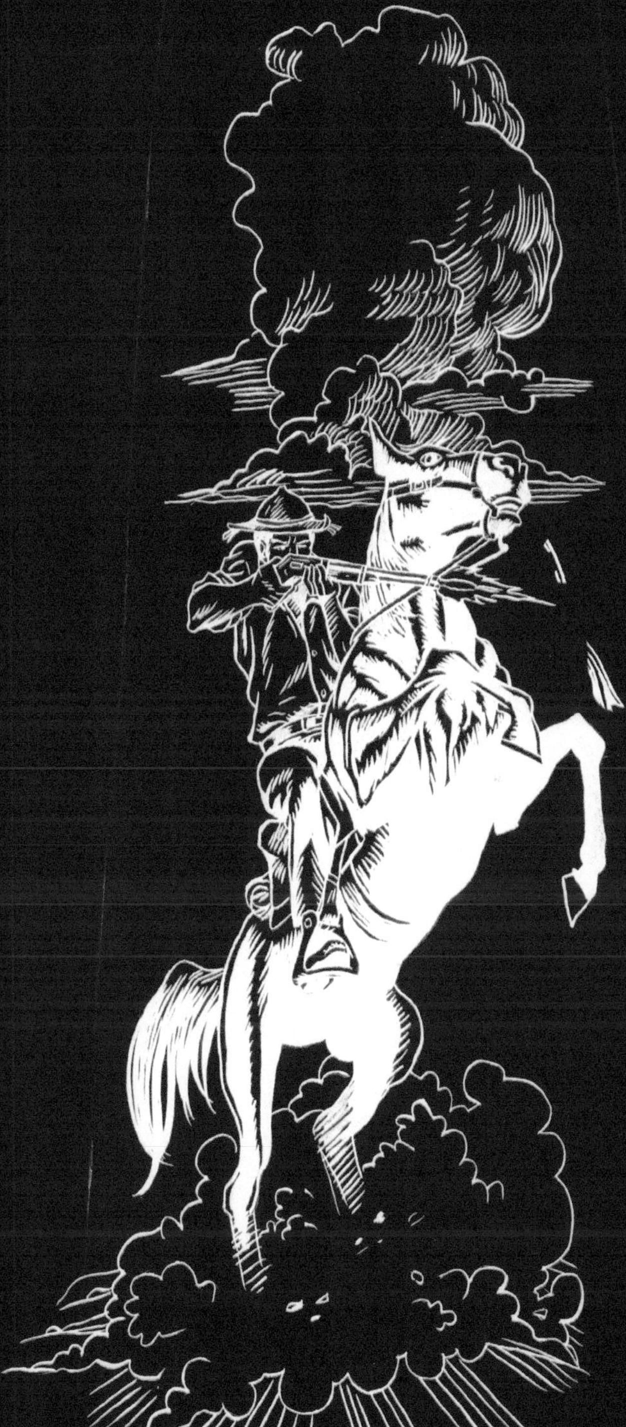

Sagas em Preto e Branco!!

Acompanhe as aventuras de Lochlann Na lendária Terra do Inverno !!

Guerreiro do Crepúsculo Negro Noir com ediçãoes em brochura e Kindle!
34 páginas em preto e branco!

Lochlann Noir #1
O Estranho Vindo do Mar
ISBN 978-85-69097-10-5

Lochlann Noir #2
A Colheita de Macha
ISBN 978-85-69097-11-2

Lochlann Noir #3
Traição no Castelo Lochlann
ISBN 978-85-69097-12-9

e não esqueça...

Confira também estes outras outras fantastics edições em brochura e Kindle com Impressionantes páginas em preto e branco cheias de fantasia, ação e aventuras !!

Ghowndangard #1
O Mestre dos Metais
ISBN 978-85-69097-15-0

Haken Kreuz
Edição Especial #0
ISBN 978-85-69097-13-6

Outros títulos pelo selo Red Dragon Books

ISBN 978-85-69097-00-6

ISBN 978-85-69097-08-2

ISBN 978-15-20698-70-0

ISBN 978-85-69097-09-9

RED DRAGON
PUBLISHER

BOOKS, COMICS, GRAPHIC NOVELS

Alex Magnos Storyteller
Fortaleza CE Brasil
+ 55 85 2130 9186

facebook reddragonpublisher
Instagram reddragonpublisher
redpublisher

reddragonpublisher@gmail.com
contato@reddragonpublisher.com
www.reddragonpublisher.com

www.ingramcontent.com/pod-product-compliance
Ingram Content Group UK Ltd.
Pitfield, Milton Keynes, MK11 3LW, UK
UKHW040954010926
14791UKWH00011B/914